COLLECTION SÉCHAN

ESTAMPES ANCIENNES

DU XVIIIe SIÈCLE

ORNEMENTS

DES XVIe, XVIIe ET XVIIIe SIÈCLES

RECUEILS D'ESTAMPES

DESSINS

DONT LA VENTE AUX ENCHÈRES PUBLIQUES AURA LIEU

HOTEL DROUOT, SALLE N° 6,

Les Mardi 2 et Mercredi 3 Mars 1875

A DEUX HEURES.

Par le ministère de Me **CHARLES PILLET**, Commissaire-Priseur,
10, rue de la Grange-Batelière,

Assisté de **M. CLÉMENT**, Marchand d'Estampes de la Bibliothèque Nationale,
rue des Saints-Pères, 3.

Exposition Publique, le Dimanche 28 Février 1875,
De une heure à cinq heures.

CONDITIONS DE LA VENTE

Elle sera faite au comptant.

Les adjudicataires payeront *cinq pour cent* en sus des enchères.

ORDRE DES VACATIONS

Mardi 2 Mars.................................. 1 *bis* à 64
— .... 212 à 258
Mercredi...................................... 65 à 211

Le volume de Dessins sera vendu le Mercredi 3 Mars à 4 heures.

Voir pour les Objets d'art, dont la vente commencera le 22 Février, le Catalogue rédigé par M. Mannheim; pour les Livres, celui rédigé par M. Labitte.

Paris. — Imprimerie PILLET FILS AÎNÉ, rue des Grands-Augustins, 5.

TABLEAUX, DESSINS
ET GRAVURES ENCADRÉES

TABLEAUX

BONHEUR (MADEMOISELLE ROSA)

912 — Départ pour la chasse.

    Cavaliers en costume Louis XV.

        Toile. Haut., 48 cent.; larg., 65 cent

BREST (FABIUS)

913 — Kief de Lok-Meïdan.

    Environs de Constantinople.

        Toile. Haut., 76 cent.; larg , 1 m. 15 cent.

BREST (FABIUS)

914 — Vue intérieure d'un bazar turc.

        Toile. Haut., 86 cent.; larg., 1 m. 15 cent.

BREST (FABIUS)

915 — Vues prises à Constantinople et dans les environs.

Dix esquisses peintes sur bois, renfermées dans deux cadres.

DESPORTES (ALEXANDRE FRANÇOIS)

916 — Nature morte.

Deux chiens, fruits et gibiers autour d'une fontaine, au milieu d'un parc.

Très-grand tableau sur toile, signé et daté de 1727.

ECOLE FRANÇAISE XVIIIe SIÈCLE

917 — Décoration intérieure d'une chambre à coucher.

Toile. Haut., 72 cent.; larg., 50 cent.

LAHENS (E.)

918 — Fruits dispersés sur une table, recouverte d'un tapis.

Tableau de salle à manger.

Toile. Haut., 79 cent.; larg., 1 m.

SÉCHAN (ATELIER DE M.)

919 — Grand panneau décoratif imité de Watteau.
Peint sur toile.

Haut.; 2 m. 10 cent.; larg., 1 m. 12 cent.

SMARGIASSI

920 — Ruines et monuments d'architecture, pris en Italie.

34 esquisses sur toile qui seront divisées sous ce numéro.

TROYON

921 — Vue prise sur les bords de la mer.

Ce tableau ainsi que les trois suivants proviennent de la vente Troyon et portent le cachet de la vente. Celui-ci portait le n° 360 de la vente.

Toile. Haut., 50 cent.; larg., 63 cent.

TROYON

922 — Retour des champs : Troupeau de moutons en marche.

N° 493 de la vente Troyon.

Bois. Haut., 25 cent ; larg., 36 cent.

TROYON

923 — Troupeau de moutons au repos dans un pâturage.

N° 492 de la vente Troyon.

Bois. Haut., 25 cent.; larg., 35 cent.

TROYON.

924 — Troupeau de moutons dans un pâturage.

N° 201 de la vente Troyon.

Bois. Haut., 38 cent.; larg., 45 cent.

DESSINS

AUMONT (M.)

925 — Salle des festins au théâtre impérial de Dolma Bagtché, à Constantinople.

A la plume, lavé d'encre de Chine.

AUMONT (M.)

926 — Théâtre impérial de Dolma Bagtché, à Constantinople : vue intérieure de la salle.

A la plume, lavé d'encre de Chine.

CARMONTELLE

927 — Portrait du duc de Cogny, colonel général des dragons en 1768.

928 — Portrait du prince de Nassau Sugen.

> Deux très-beaux dessins à l'aquarelle, encadrés dans un cadre en bois sculpté.

DESPRÉS

929 — Vue du port de Messine, avant le tremblement de terre, en 1783.

> A la plume, lavé d'aquarelle.

DIETERLE (J.)

930 — Chambre à coucher du sultan à Constantinople.

> Aquarelle.

DUVAL (AMAURY)

931 — Différents saints.

> Quatre dessins et esquisses ayant servi pour la décoration d'un cul-de-four exécutée à Sainte-Geneviève.

ÉCOLE ITALIENNE

932 — Vues intérieures d'un Musée.

Deux dessins à la plume et au bistre.

FEUCHÈRE (LÉON)

933 — Projet de restauration du théâtre des Variétés, à Paris.

Aquarelle.

GILLOT (CLAUDE)

934 — Panneau d'ornements.

Beau dessin à la plume, lavé d'aquarelle.

HUET (J. B.)

935 — Montants d'ornements en hauteur.

Quatre dessins à l'aquarelle. Deux sont signés : J.-B. HUET, 1772.

LAFAGE (RAYMOND DE)

936 — Le Serpent d'airain.

A la plume et au bistre, dans un très-beau cadre en bois sculpté.

LAURENS (j.)

937 — Vues de Constantinople.
   Quatre dessins à l'aquarelle.

MOUCHERON (isaac)

938 — Vues intérieures de parcs et riches monuments d'architecture.
   Deux dessins à la plume et au bistre, encadrés dans des cadres en bois sculpté.

PUGET (pierre)

939 — Riche monument d'architecture pour décoration de parc.
   A la plume et à l'encre de Chine.
   Haut., 84 cent.; larg., 55 cent.

PUGET (pierre)

940 — Pendant du numéro précédent.
   Ces deux magnifiques dessins sont très-richement encadrés dans des cadres en bois sculpté. Ils sont signés vers le milieu de la gauche.

ROBERT (HUBERT)

941 — Fontaine au milieu d'une ruine d'architecture.

942 — Bergers passant sous une voûte d'architecture.
Deux très-beaux dessins à la plume et au crayon, lavés d'encre de Chine.

SÉCHAN (ATELIER DE M.)

943 — Décorations de théâtre, plafonds, etc.

24 dessins à l'aquarelle, montés sur châssis ; seront divisés sous ce numéro.

GRAVURES ENCADRÉES

CANALETTI (ANT.)

944 — Vues de Venise.
Quatre pièces gravées à l'eau-forte. Très-belles épreuves.

DUPONT (M. HENRIQUEL)

945 — Portrait de M. Bertin, d'après Ingres.

Très-belle épreuve avant la lettre, sur chine et signée du graveur.

GRAND (L.)

946 — Pastorales imitées de Boucher et publiées à Lyon, chez Pariset.

Collées sur châssis, pour servir de panneaux décoratifs.

VOLPATO (J.)

947 — Arabesques, stucs et voûtes, d'après Raphaël.

21 pièces collées sur châssis.

DÉSIGNATION

DESSINS

1 Un volume grand in-fol. renfermant cent trente-sept dessins. — Attributs de guerre et arabesques, d'après les décorations du château de Versailles. — Dessins de glaces, tables, flambeaux, appliques, chenets, miroirs, candélabres. — Dessins de Lambris pour décorations d'appartement, cheminées, plafonds. — Décorations de Lambris du château de Richelieu. — Dessins de boiseries pour décorations d'appartement. — Dessins pour vitraux, armoiries, monuments d'architecture, etc., par Salembier, Marot, Ranson, Lajoue, Berain, Loir, Baumgartner, Gabriel, Legeay et autres. Les dessins de Salembier sont accompagnés des gravures.

ESTAMPES ANCIENNES

ET DU XVIIIᵉ SIÈCLE

1 bis ANONYME. Jupiter et Léda, d'après Michel-Ange Buonaroti.

2 BAUDOIN (d'après). La Toilette, par Ponce. Très-belle épreuve.

3 — Le Jardinier galant, gravé par Helman. Belle épreuve.

4 — Les Cerises, par M. Ponce.

5 BOSSE (Abraham). Le jardin de la noblesse française dans lequel se peut cueillir leur manière de vettements. Suite de douze estampes. Très-belles épreuves.

6 — Le Clystère. — Les Vierges sages. — Le Cordonnier, etc. Quatre pièces. Belles épreuves.

7 — Le Maistre d'escole. — La Maistresse d'escole. Deux pièces.

8 — L'Accouchée. — Vierges folles. — Le Barbier. — L'Ouye. — La Saignée. — Deux pièces des Œuvres de miséricorde, etc. 10 feuilles.

— 5 —

9 BOUCHER (d'après F.). Jeune fille dansant sur une scène de théâtre ; dans le fond on aperçoit les spectateurs. Petite pièce au crayon rouge.

10 BROOKSHAW (R.). Marie-Joséphine-Louise de Savoye, comtesse de Provence, d'après Drouais. Superbe épreuve avec marge.

11 BRY (Th.). Le triomphe de Bacchus. Belle épreuve.

12 CALLOT (J.). Les deux vues de Paris. Anciennes épreuves.

13 CARICATURES. Scènes Anglaises dessinées à Londres. Suite de quatre pièces coloriées.

14 — Pièces tirées du Bon genre, caricatures parisiennes etc. Onze feuilles coloriées.

15 CHARLIER (d'après). Le Tendre Engagement, gravé par Elluin. Très-belle épreuve.

16 COCHIN (C. N.). Fêtes publiques données à l'occasion du mariage de Louis XVI, etc. Trois pièces.

17 DARCIS (d'après). L'Incroyable à cheval. — Ma chevelure s'en va, c'est très-croyable. Deux pièces.

18 DAULLÉ (J.). Monseigneur le Dauphin de France, né à Versailles le 4 septembre 1729, d'après Belle.

19 Davesné (d'après). L'Amant regretté, gravé par Voyez le jeune. Très-belle épreuve.

20. Demarteau. Le Temps enchaîné par les Amours, d'après Boucher, gravé au crayon rouge. Epreuve avant la lettre.

21 — La jeune Bergère, d'après Huet. — Les Baigneuses, par Dembrun, d'après Queverdo. Deux pièces.

22 Demarteau et Bonnet. Groupe d'Amours. — Jeune fille couronnant un buste de femme. — L'Amour et l'Amitié. Trois pièces d'après Boucher et Lagrenée.

23 Desplaces. Mademoiselle Duclos, d'après Largillière.

24 Dugoure (d'après). Le Lever de la mariée, par Trière. Très-belle épreuve.

25 Dupuis (C.). Marie-Françoise Perdrigeon, épouse d'Etienne-Paul Boucher, d'après Raoux.

26 Durer (Albert). L'Enlèvement d'Amymone. — Les Armoiries à la Tête de mort. Deux pièces. Copies.

27 Albert de Mayence (B. 103). Erasme. Copie. Deux pièces.

28 Dusart (Corneille). La Lotterie de Grottenbrœck (B. 40). Très-belle épreuve. — Le Médecin aux urines, gravé par Sarrabat, d'après Haeften. Deux pièces.

29 ECOLE FRANÇAISE, XVIII° siècle. L'Heureux Moment. — Le Matin. — Les Dangers du tête-à-tête. — Le Baiser napolitain, etc. Six pièces.

30 ECOLE ANGLAISE. Georgina, duchesse de Devonshire, gravée par Green, d'après Cosway. — La Visite, gravée par Ward, d'après Morland. Deux pièces.

31 EISEN (d'après). Le Jour. — La Nuit. Deux pièces gravées par Patas. Très-belles épreuves avec grandes marges.

32 — Les Quatre parties du jour, gravées par de Longueil. Bonnes épreuves.

33 FREUDEBERG (d'après). Le Petit Jour, par de Launay. Belle épreuve.

34 — La Soirée d'hiver, gravé par Ingouf. Très-rare épreuve avant la lettre et avant la bordure.

35 — Les Confidences, par Lingée. Très-belle épreuve.

36 — Les Mœurs du temps, par Ingouf. Très-belle épreuve.

37 — L'Événement au bal. Épreuve avant le numéro.

38 FRAGONARD (d'après). Le Chiffre d'amour, gravé par de Launay. Très-belle épreuve.

39 Halbou (L. M.). L'Inspiration favorable. — Le Messager fidèle. Deux pièces d'après Fragonard et Lallié. Belles épreuves.

40 Lancret (d'après). Le Matin. — Le Midi. — L'Après-dînée. Trois pièces gravées par de Larmessin. Très-belles épreuves.

41 Lavereince (d'après). Le Billet doux, par N. de Launay. Belle épreuve.

42 — La même estampe. Belle épreuve.

43 — L'Heureux Moment, par N. de Launay. Très-belle épreuve.

44 — Les Offres séduisantes, par Delignon. Belle épreuve.

45 — Le Serin chéri, gravé en couleur par Dnargle. Très-belle épreuve.

46 — Le Mariage secret. Pièce rare, à l'état d'eau-forte.

47 De Longueil. Les Sens. Suite de huit vignettes dont un titre, d'après Eisen et Wille fils. Très-belles épreuves avant la lettre.

48 Maître C. L. C.- Galathée (B. 2). — L'Impudicité, par G. Penez (B. 104). Deux pièces.

49 Moreau le jeune (d'après). J'en accepte l'heureux présage. Gravé par Trière. Superbe épreuve avec le privilége.

50 — N'ayez pas peur, ma bonne amie, par Helman. Superbe épreuve avec le privilége.

51 — La Dame du palais de la reine, par Martini. Superbe épreuve avec le privilége.

52 — L'Accord parfait, par Helman. Superbe épreuve avec le privilége.

53 — Ouverture des États Généraux à Versailles, le 5 mai 1789.

54 Passe (C. de) Diane au bain avec ses nymphes, surprise par Actéon. Petite pièce de forme ronde. Très-belle épreuve.

55 Queverdo (d'après). Les Aveux sincères, ou les Accords de mariage, par Martini. Très-belle épreuve.

56 — Le Repos, par Dambrun. Très-belle épreuve.

57 Saenredam. Jésus-Christ assistant à un banquet chez Simon le Pharisien, d'après Paul Véronèse (B. 34). Très-belle épreuve.

58 Saint-Aubin (d'après A. de). Tableau des Portraits à la mode, gravé par Courtois. Très-belle épreuve.

59 — Le Concert, gravé par Duclos. Belle épreuve.

60 VERMEULEN. Agnès-Françoise Lelouchier, comtesse d'Arco, d'après Vivien. Belle épreuve.

61. WATTEAU (d'après Ant.). Les Plaisirs du bal, par Scottin. Superbe épreuve.

62 — L'Accordée de village, par N. de Larmessin. Superbe épreuve.

63 — La Mariée de village, par C. N. Cochin. Superbe épreuve.

64 — L'Aventurière, gravé par Crépy. Très-belle épreuve.

ORNEMENTS

DES XVIe, XVIIe ET XVIIIe SIÈCLES

65 ALDEGRAVER (H.). Deux Sirènes dos à dos qui se tiennent par les bras (B. 199).

66 — Rinceau d'ornements (B. 202).

67 — Vignette représentant deux petits génies ailés debout (228). — Un enfant assis, tenant de ses deux mains des branches de feuillage (B. 244). Deux pièces.

68 — Vignette représentant un Centaure et une femelle de Centaure qui combattent ensemble (229). Très-belle épreuve.

69 — Petit morceau rempli de feuillage (B. 245). Très-belle épreuve.

70 — Vignette 1537 (B. 260). Très-belle épreuve.

71 — Dessin pour un bout de fourreau de sabre (264). — Dessin d'un poignard dans sa gaîne (265). Deux pièces. Belles épreuves.

72 — Dessin de grotesque offrant un mascaron entre deux cornes d'abondance (B. 272). Très-belle épreuve.

73 — Montant d'ornements (B. 277). Très-belle épreuve.

74 — Montant d'ornements (B. 279). Très-belle épreuve.

75 — Dessin de grotesque présentant un mascaron entouré de deux enfants et de quatre sphinx (281). Très-belle épreuve.

76 — Montants d'ornements (B. 284-285-286). Trois pièces. Très-belles épreuves.

77 — Un vase surmonté de rinceaux d'ornements (287). Deux autres montants d'ornements. Trois pièces.

78 ANONYME 1529. Montant d'ornements. Pièce rare.

79 ANONYME XVIIᵉ siècle. Montants d'ornements. Dessin d'un carrosse, etc. Cinq pièces.

80 ANONYME FRANCAIS. Cartouches et encadrements. Cinq feuilles.

81 — ANONYME FRANÇAIS, XVIIIᵉ siècle. Les Sens. Suite de cinq pièces en forme de frises. Très-belles épreuves. Rares.

82 AUDRAN (C.). Les Mois de l'année. Suite de douze pièces sur six feuilles.

83 BEHAM (H.-S.). Vignette au mascaron, 1544 (B. 228). Très-belle épreuve.

84 — L'Alphabet romain, 1545 (B. 229). Très-belle épreuve.

85 — Le Mascaron, 1543 (B. 231). Très-belle épreuve.

86 — Les deux Têtes de poissons (B. 235). Très-belle épreuve.

87 — Les deux Génies, 1544 (B. 236). Très-belle épreuve.

88 — Montant d'ornements, 1524 (B. 243). Belle épreuve.

89 — Montant d'ornements (B. 244). Belle épreuve.

90 — Armoiries d'imagination, 1544 (B. 255). Belle épreuve.

91 — Les Armoiries à l'aigle, 1543 (B. 257). Très-belle épreuve.

92 Beham et Aldegraver. Les Danseurs. — Le Mauvais riche. — Ornements et autres. Sept pièces.

93 Boucher (d'après F.). Le Repos des bergers. — La Balançoire. Deux pièces gravées par Huquier, et entourées d'une bordure ornementée. Très-belles épreuves. Rares.

94 — Cartouches et encadrements gravés par Huquier. Cinq pièces.

95 — Culs-de-lampe et Armoiries. Cinq pièces.

96 Boucher fils (d'après). Meubles et décorations d'appartement, cahiers B. D. et F. Douze feuilles, plus neuf feuilles de divers cahiers. En tout 24 pièces.

97 — Décorations d'appartement, cahier B. 4 feuilles.

98 Boulle (A.-Ch.). Nouveaux dessins de meubles et ouvrages de marqueterie, inventés et gravés par André-Charles Boulle. Sept feuilles.

99 — Les Buffets de Marly. Six pièces dont cinq copies.

100 Bourdon (Pierre). Essais de gravure où l'on voit de beaux contours d'ornements traités dans le goût de l'art propre aux horlogers, orfèvres, etc. Sept feuilles.

101 Boyvin (René). Histoire de Jason et de la conquête de la toison d'or (R. D. 39-64). Suite de vingt-six estampes, dont nous n'avons que vingt-cinq. Très-belles épreuves du premier état.

102 — Panneaux d'ornements animés des divinités du paganisme (R. D. 119-134). Suite de seize estampes du premier état. Rares.

103 — Deux aiguières. — Trois salières (R. D. 171-174). Deux feuilles.

104 Breslau. Livre de serrurerie, composé et dessiné par Jean Breslau, serrurier. Se vend chez l'auteur, au Pont-aux-Choux. Vingt-deux pièces.

105 Bry (Théodore de). Grotis et point pour graver. — Bassins, aiguières, tasses et salières pour les orfévres et autres artisiens. — Manches de couteaux. Six pièces, dont un titre très-rare.

106 Caravage (Polydore de). Vases. Huit pièces.

107 Chamblin et autres. Décorations d'appartement. Huit feuilles.

108 Collaert et Heeck. Ornements pour bijoutiers et autres. Huit pièces.

109 Cornille. Meubles. — Décorations et lambris. Dix-neuf feuilles.

110 Cotelle (J.). Recueil de divers ornements à la grecque pour des plafonds. Treize pièces.

111 Dado (dit le Maître au dé). Panneau d'ornements (B. 82). Très-belle épreuve.

112 Delaune (Etienne). Les douze Mois de l'année (R. D. 225-236). Belles épreuves du premier état.

113 — Ecrans ou miroirs à Main (R. D. 314-315). Deux pièces en mauvais état.

114 — Sujets emblématiques à la gloire de Henri II. — Chasse à l'ours, etc. Six pièces.

115 Delaune et de Bry. Arabesques sur fond noir. — Triomphe de Bacchus. — Dessins de deux fourchettes, etc. Treize pièces.

116 Ducerceau (Androuet). Fragments antiques. Suite de treize pièces y compris le titre. Très-belles épreuves.

117 — Vases. Cinquante-deux pièces. Très-belles épreuves.

118 — Les Grotesques ou petites Arabesques. Suite de soixante planches publiées à Paris en 1562. Le titre est refait à la plume.

119 — Les grandes Arabesques ou Grotesques. Suite de trente-cinq estampes dont quelques-unes avec grandes marges. Très-belles épreuves.

120 — Thermes. Trente-six pièces sur douze feuilles. Très-belles épreuves.

121 — Cartouches de Fontainebleau. Six pièces dont une non décrite.

122 — Meubles. Deux pièces.

123 — Marqueterie pour incrustation de meubles. Cinq pièces.

124 — Vues d'optique. Trois pièces.

125 — DUCERCEAU (Paul-Androuet). Arabesques et frises. Trente-six feuilles.

126 DUPLESSIS fils. Première suite de vases composés par Duplessis fils. Six feuilles.

127 L'EGARÉ (Gilles et Gédéon). Pendants d'oreilles et dessins de fleurs. Cinq pièces.

128 FLINDT (Paul). Gobelets, Coupes, Candélabres, Sonnettes et autres dessins d'objets d'orfévrerie. Montants d'ornements. Quarante-trois pièces dont un titre. Toutes ces pièces sont de la plus grande rareté.

129 FORTY. Dessins d'applique. Cinq feuilles.

130 GAUTIER (P.). Divers ouvrages de balustrades, cloisons, panneaux et autres ornements pour les serru-

riers, faits et inventés par Pierre Gautier, maistre serrurier du roy, dans son arsenal des Galeries à Marseille, et le tout mis en œuvre par ledit Gautier ; fini en l'année 1685. Seize pièces dont un titre.

131 GILLOT (Cl.). Nouveau livre de principes d'ornements particulièrement pour trouver un nombre infini de formes qui en dépendent, d'après les dessins de Cl. Gillot, peintre du roi, gravé par Huquier. Suite de douze pièces dont un titre et un avis au lecteur. La dernière feuille nous manque.

132 — Panneaux d'ornements. Cinq pièces. Très-belles épreuves.

133 GRAVELOT (d'après). Jeux d'enfants, petit cahier de six feuilles gravées par Bacheley. Très-belles épreuves.

134 GUERARD (chez). Cheminées nouvelles des plus à la mode. Six feuilles.

135 HOUDON. Premier cahier de petits vases composés et gravés par J. Houdon. Six feuilles, plus trois vases d'après Saly, en tout neuf pièces.

136 HURTU, MIGNOT et autres. Ornements pour orfévres et autres. Dix-huit pièces.

137 JACQUE. Vases nouveaux composés par M. Jacque, peintre et dessinateur en la manufacture royale des Gobelins. Suite de six feuilles.

138 Janssen. Montant d'ornements. Pièce de forme ovale. Rare.

139 La Joue (J. de). La Botanique. — L'Histoire. — La Pharmacie. — La Sculpture. — L'Architecture. — La Peinture. — Les Forces mouvantes. Sept pièces gravées par Cochin et Tardieu. Très-belles épreuves.

140 — La Géographie. — L'Astronomie. — La Musique. — L'Eloquence. — L'Optique. — La Marine. Six pièces gravées par J. Ingram.

141 — Architecture, paysage et perspective, grande fontaine, etc. — Cartouches, dont deux par Babel. Quatorze pièces.

142 De la Londe. Nouveau cahier de différentes chaises, fauteuils, canapés, etc. Composés et dessinés par La Londe, et gravé par Chapui. Six feuilles. Très-rares.

143 La Londe et Forty. Meubles tirés de diverses suites. Vingt-cinq feuilles.

144 Lemoyne (J.). Ornements inventez et gravez par Jean Lemoyne. A Paris, chez Duchange, 1710. Onze feuilles.

145 Leroux, Mansart et autres. Décorations pour intérieur d'appartement. Dix-huit feuilles.

146 Leyde (Lucas de). Deux rinceaux d'ornement (B. 169). Belle épreuve.

147 LOIRE (A.). Arabesques. Six pièces.

148 MARILLIER. Nouveaux Trophées ou Cartouches, représentant les arts et les sciences, composés avec les attributs qui les caractérisent, par Marillier. Suite de treize pièces.

149 MORISON (F. J.) Différentes nouvelles inventions de bijoux, ornementations et galanteries pouvant servir utilement à la haute noblesse ainsi qu'aux artistes. Dessinés avec beaucoup de soins et talent par F. J. Morizon.

150 — Suite de différentes nouvelles inventions de bijoux, etc., par le même artiste.

151 NOBLIN. Ornements pour tabatières et boîtes de montres. Quinze pièces dont plusieurs à deux sur la même feuille.

152 PICARD (B.). Le Carrosse de monseigneur le duc d'Ossuna. Suite de sept pièces. Superbes épreuves.

153 PINEAU. Nouveaux dessins de lits, inventés par le sieur Pineau. Quatre pièces.

154 — Nouveaux dessins de plafonds, inventés par Pineau, et qui peuvent s'exécuter en sculpture ou en peinture. Six feuilles.

155 — Nouveaux dessins de pieds de tables et de vases et

consoles de sculpture en bois, inventés par le sieur Pineau, sculpteur. Six feuilles.

156 — Nouveaux dessins de lambris, inventés par le sieur Pineau, architecte. Six feuilles.

157 — Dessin de cheminée pour un cabinet dont la décoration variée du lambris est des plus riches, etc. Six feuilles.

158 POILLY (chez). Nouvelles cheminées à la mode. Six feuilles.

159 PRIEUR et FAY. Arabesques. Cinquante feuilles.

160 RANSON. Nouveau recueil de jolis trophées, cartouches, fleurs et fruits utiles aux artistes de tout genre, inventés par le sieur Transon et gravés par Berthault. Suite de douze feuilles.

161 — Troisième et quatrième cahiers de trophées militaires et de pêches, modèles de cadres, etc. Quatorze feuilles.

162 — Troisième cahier de groupes de fleurs et d'ornements pour la décoration. Six feuilles.

163 — Huitième cahier d'ornement pour la boiserie d'appartement. Six feuilles.

164 — Dixième cahier d'ornement pour la boiserie d'appartement. Six feuilles.

163 — Quinzième cahier de trophées de l'œuvre de Ranson. Six feuilles.

166 — Dix-septième cahier de cartels et trophées. Cinq feuilles.

167 — Dix-huitième cahier de cartels et trophées. Cinq feuilles.

168 — Lits. Neuf feuilles.

169 — Vases de fleurs, trophées et cartouches. Quinze feuilles.

170 — Panneaux d'ornements pour boiseries. Dix feuilles.

171 SAINT-AUBIN (d'après). Premier recueil de chiffres inventés par de Saint-Aubin et gravés par Marillier. Suite de treize estampes compris le titre. Très-belles épreuves avec grandes marges.

172 SALEMBIER. Cahier de frises. Six feuilles.

173 SCOPPA (H.), 1642. Très-beau vase gravé à l'eau-forte.

174 SOLIS (V.). Six bustes de héros et d'héroïnes célèbres (453), frise avec quatre bustes dans des médaillons (442), etc. Trois pièces.

175 — Médaillon (465). — Dessin d'ornement. Deux pièces. Très-belles épreuves.

176 Tijou. Serrurerie, rampes d'escalier, balcons et grilles de jardin, etc. Treize feuilles.

177 Vénitien (Augustin). Arabesques et différents montants d'ornements. Vingt-quatre pièces.

178 Vico (Eneas). Différents vases dessinés d'après l'antique. Dix-sept pièces.

179 Vouet (Simon). Livre de diverses grotesques, peintes dans le cabinet et bains de la reyne régente, au Palais-Royal, par Simon Vouet, peintre du roy, et gravées par Michel Dorigny. Suite de quinze pièces, plus le portrait de Vouet.

180 Watteau (d'après Ant.). L'Enjôleur. — Le Vendangeur. — Bacchus. — Le Frileux. Suite de quatre pièces gravées par Moyreau en forme d'arabesques pour paravent. Elles ont toutes leurs marges.

Toutes les pièces suivantes sont des panneaux arabesques et autres sujets pour décors. Elles sont dans les mêmes conditions de conservation.

181 — Paravent de six feuilles, gravées par Crepy fils et imprimées à deux sur la feuille.

182 — Les quatre Saisons, plus deux autres sujets. Suite de six pièces gravées par Huquier en forme d'écrans et imprimées sur trois feuilles.

183 — Les Sens, et l'Alliance. Suite de six pièces en forme d'écrans, gravées par Huquier et imprimées sur trois feuilles.

184 — L'Amusement. L'Heureuse rencontre. Deux pièces gravées par Huquier.

185 — Divinité chinoise. Empereur chinois. Deux pièces gravées par Huquier.

186 — Les Saisons. Suite de quatre pièces en hauteur, gravées par Huquier et imprimées sur deux feuilles.

187 — Les Saisons. Suite de quatre pièces en largeur, gravées par Huquier et imprimées sur deux feuilles.

188 — La Déesse. — Le Théâtre. — Le Berceau. — La grotte. Suite de quatre pièces en hauteur, gravées par Huquier.

189 — Les Éléments. Suite de quatre pièces en hauteur, gravées par Huquier.

190 — Les Jardins de Cythère. — Les Jardins de Bacchus. — Le Temple de Diane. — Le Temple de Neptune. Suite de quatre pièces en largeur, gravées par Huquier.

191 — La Pellerine altérée, pièce en hauteur gravée par Huquier.

192 — Le Chasseur content. — Le Repos gracieux. Deux pièces en largeur, gravées par Huquier et imprimées sur la même feuille.

193 — Apollon. — Diane. — Le Berger empressé. — Le Jardinier fidèle. Suite de quatre pièces en hauteur, gravées par Huquier et imprimées sur deux feuilles.

194 — L'Innocent badinage. — Les Plaisirs de la jeunesse. — Les Oiseleurs. — Le Repos des pèlerins. Suite de quatre pièces en hauteur, gravées par Huquier et imprimées sur deux feuilles.

195 — L'Alliance de la Musique et de la Comédie, gravé par Moyreau.

196 — Colombine et Arlequin, panneau en hauteur, gravé par Moyreau.

197 — Les Singes de Mars, gravé par Moyreau.

198 — La Cause badine. — Les Enfants de Momus. Deux pièces en largeur, gravées par Moyreau.

199 — Feste bacchique, grand panneau en hauteur, gravé par Moyreau.

200 — Vénus blessée par l'Amour, décoration d'un plafond, gravé par Aveline.

201 — Le Galant. Panneau en hauteur, gravé par B. Audran.

— 25 —

202 — L'Escarpolette. Grand panneau en hauteur, gravé par Crepy.

203 — Le Berger content. — Le Marchand d'Orviétan. — La Favorite de Flore. — L'Heureux moment. Suite de quatre pièces gravées par Surugue et Crepy.

204 — La Voltigeuse, grand panneau en hauteur, gravé par Huquier.

205 — Le Dénicheur de moineaux, gravé par C.

206 — Les Canards. — Vénus et l'Amour. Deux pièces imprimées sur la même feuille.

207 — Dessus de clavecin gravé d'après le dessin original inventé par Watteau. Bare.

208 — La même pièce.

209 — L'Art et la Nature. Fable allégorique en l'honneur de Watteau, dans une bordure ornementée.

210 — Titres et costumes d'après Watteau. Quatre pièces imprimées sur la même feuille.

211 — Sous ce numéro seront vendus vingt pièces arabesques, ornements et autres pièces : la plupart sont des pièces doubles de celles indiquées ci-dessus.

RECUEILS D'ESTAMPES

DE TOUTES LES ÉCOLES

212 Un petit volume contenant 152 pièces, dessins pour orfévres, par Guien, Vauquer, Delaune, Gribelin, de Bry, Solis et autres.

213 Un vol. in-fol. contenant la serrurerie de Fordrin, Poulleau, Caillouet, Franque, Soubeyran ; flambeaux et meubles par Meissonnier et Oppenort. Cinquante-neuf feuilles.

214 Un album grand in-fol. contenant trente-huit feuilles de l'Œuvre de Cauvet, avec marges.

215 Un volume in-fol. contenant soixante-dix-sept feuilles de l'Œuvre de Cuvillier.

216 Un volume in-fol., contenant cinquante-neuf feuilles de l'Œuvre de Bérain.

217 Un vol. in-fol., contenant quarante-cinq feuilles de l'Œuvre de Pillement, dont quelques cahiers complets et trois feuilles d'après Boucher.

218 Un volume in-fol., contenant des cartouches de Babel et Choffard, culs-de-lampe de Choffard pour les Contes de La Fontaine; écussons, trophées par Demarteau, attributs par Huquier, etc. 160 pièces.

219 Un volume in-fol. contenant des trophées, vases, frises, flambeaux, etc., par Delafosse, Schumakers, Saly, Bouchardon, Petitot, Watelet, de Neufforge, etc. Cent dix pièces.

220 Un vol. in-fol., contenant des ornements et autres sujets par Nilson, Boucher, quelques pièces des Fables de La Fontaine d'Oudry; trophées par Charpentier; culs-de-lampe et fleurons par Bachelier; gravés par Choffard. Quatre-vingt-douze pièces.

221 Un volume in-fol. contenant des vues de Paris et de province, par Silvestre et Perelle; paysages par Callot, Mauperché, Swanwelt et autres. Cent soixante-dix-neuf pièces.

222 Un volume in-fol. contenant cent quarante-une feuilles de l'œuvre de Lepautre.

223 Un volume in-fol. contenant cent cinquante feuilles de l'œuvre du même maître.

224 Un volume in-fol. contenant soixante-neuf feuilles vases, ornements, dont dix-neuf pièces par Toro.

225 Un vol. in-fol. contenant: vases par Beauvais; candéla-

— 28 —

bres, huiliers, écuelles, flambeaux et autres dessins de meubles, par Vinsac, etc. Quarante-trois feuilles.

226 Un volume in-fol. contenant cent douze pièces arabesques, cartouches, culs-de-lampe, statues et autres sujets, la plupart de l'Ecole d'Italie du xvii° siècle.

227 Un volume in-fol. contenant cent seize feuilles, ornements, frises, armoiries, cheminées, dessins de jardins, etc., par Marot, Leclerc, Bullet, Mansart, Charmeton et autres.

228 Un volume in-fol. contenant des emblèmes, titres de livres, ornements par Cock, Floris et autres. Deux cent vingt-trois pièces.

229 Un volume in-fol. contenant quelques pièces des petits temples de Ducerceau, ornements italiens et autres. Trente-sept pièces.

230 Un volume in-fol. contenant des alphabets et modèles d'écriture, dont quelques-uns tirés de livres, etc. Quatre-vingt-douze feuilles.

231 — Un volume in-fol. contenant 156 feuilles, par Goltius, Saenredam, Sadeler, Beham, Martin de Vos et autres.

232 — Un volume in-fol. contenant ornements, meubles, vues de villes et monuments, arcs de triomphe, costumes de Hollar, etc. Cent treize pièces.

233 — Un vol. in-fol. contenant des marines, modèles de navires, vues de ports de mer et de villes, etc. Cent quarante-six pièces.

234 — Un vol. in-fol. contenant meubles, lambris, feux d'artifices, flambeaux, etc., par Meissonnier, Cuvillier, Moreau et autres. Vingt-trois pièces.

235 — Un vol. in-fol. contenant 88 pièces, ornements et pièces diverses.

236 — Un vol. in-fol. contenant des ornements d'après Schongauer, Dietterlein, de Bry, les Hopfer, Liefrinck, G.-D. Jode, de Vries, etc. Quatre-vingt-treize feuilles.

237 — Un volume in-fol. contenant des costumes de dames et seigneurs vénitiens et autres pays. Quatre-vingt-dix-huit pièces.

238 — Un vol. in-fol. contenant les édifices antiques romains, par Ducerceau. Suite de quatre-vingt-dix-huit planches, dont la plupart imprimées à deux sur la feuille.

239 — Quatre volumes in-fol. contenant les copies des ornements des XVIe, XVIIe et XVIIIe siècles, par Reynard, et publiées par Hauser. Trois cent vingt feuilles.

240 — Un volume petit in-fol. contenant des ornements, par Demarteau ; vignettes, par Moreau, Boucher, Co-

chin, Gravelot, Marillier, Eisen, Monet, Barel et autres. Cent huit pièces pour divers ouvrages.

241 — Un volume petit in-fol. contenant des ornements, par Roupert, Collard, Messagu, Silvius, Janssen, Guien, Montcornet et autres. Petits ornements du xvi⁰ siècle. Quatre-vingt-trois feuilles.

242 — Un volume petit in-fol. contenant des ornements par Barbet et autres. Quarante-deux feuilles.

243 — Un volume petit in-fol. contenant des ornements et gravures du xvi⁰ siècle, gravées sur bois, en général tirées de livres. Deux cent quatre-vingt-seize pièces.

244 — Un vol. petit in-fol. renfermant les Impératrices Romaines par E. Vico, ornements par Nicoletto, vases par Stella, etc. 82 pièces.

245 — Un vol. grand in-fol. contenant des fêtes publiques par Cochin, vues de Versailles par Perelle, Lepautre, etc. 68 pièces.

246 — Un vol. grand in-fol. contenant des vues de Paris et autres pays. 87 pièces modernes.

247 — Un vol. grand in-fol. renfermant des fleurs par Bailly, Robert et autres. 38 pièces.

248 — Un vol. grand in-fol. renfermant des sujets de chasse

par Ridinger, Desportes, Oudry ; animaux d'après Rembrandt, Potter et autres. 25 pièces.

249 — Un vol. grand in-fol. renfermant des fleurs par Baptiste, van Spaendonck, Bessa et autres artistes modernes. Études de têtes, pieds et mains, et académies diverses par Bouchardon et autres. 118 pièces.

250 — Un vol. grand in-fol. renfermant les Arts libéraux, d'après Amiconi. — Livres de dessins d'ornements dans le goût du crayon, gravés par Demarteau, d'après Girard. Suite de trente-six pièces en six cahiers. En tout 46 pièces.

251 — Un vol. grand in-fol. renfermant cent soixante-trois pièces, portraits et sujets divers par Vorsterman, Hollar, Goltzius, Mellan, Regnesson, Nanteuil, lithographies modernes, etc.

252 — Un vol. in-fol. contenant quatre-vingt-dix-huit pièces d'après Mantegna, Carrache, Raphaël, Michel-Ange, P. Véronèse et autres.

253 — Un vol. grand in-fol. renfermant des dessins de plafonds, d'après Lesueur, Lebrun, Mignard, Leclerc et autres. 88 pièces.

254 — Un vol. grand in-fol. renfermant quatre-vingt-dix-huit pièces par Piranesi, Wagner, Falda ; pièces d'après le Guide, etc.

— 32 —

255 — Un vol. grand in-fol. renfermant vingt-cinq pièces, d'après Watteau, Boucher et autres.

256 — Un vol. grand in-fol. renfermant quinze pièces, d'après S. Bourdon et Poussin.

257 — Sous ce numéro seront vendus quatre volumes d'estampes diverses et les objets omis au présent catalogue.

258 — Sous ce numéro seront vendus deux volumes renfermant des estampes de toutes les écoles et volumes de papier blanc.

www.ingramcontent.com/pod-product-compliance
Lightning Source LLC
Chambersburg PA
CBHW061007050426
42453CB00009B/1298